QUIZ FOOTBALL

TOUT-en-QUIZ

© Tout-en-quiz 2022
Crédits photographiques : Canva pro
Dépôt légal : novembre 2022
ISBN : 978-2-9583867-2-6

SOMMAIRE

4

Quel footballeur a dit ?

Retrouvez l'auteur de chaque citation.

1- « Je suis arrivé comme un roi, je repars comme une légende. »
  a) Zlatan Ibrahimović
  b) Cristiano Ronaldo
  c) Léo Messi

2- « David Beckham ? Son pied gauche ne lui sert à rien, il est mauvais de la tête, il ne sait pas tacler et il ne marque pas souvent. A part ça, il est pas mal. »
  a) Thiago Motta
  b) Éric Cantona
  c) George Best

3- « Je ne célèbre pas mes buts parce que c'est mon travail, t'as déjà vu un facteur sauter de joie quand il vient de livrer un colis ? »
  a) Romelu Lukaku
  b) Luka Modrić
  c) Mario Balotelli

4- « Les Anglais ont inventé le foot, les Français l'ont organisé, les Italiens le mettent en scène. »
  a) Didier Deschamps
  b) Éric Cantona
  c) David Ginola

5- « Ma mère pense que je suis le meilleur, et j'ai été élevé en croyant toujours en ce que ma mère me disait. »
  a) Diego Maradona
  b) Cristiano Ronaldo
  c) Adrien Rabiot

6- « Ce que Zidane fait avec un ballon Maradona le faisait avec une orange. »
  a) Pelé
  b) Michel Platini
  c) Marco Materazzi

7- « C'est beau ce stade Vélodrome qui est toujours plein à domicile comme à l'extérieur. »
  a) Franck Ribéry
  b) Zinédine Zidane
  c) Djibril Cissé

8- « Ronaldinho est un plus grand joueur que moi... de 3 centimètres. »
  a) Ronaldo Nazário de Lima
  b) Robinho
  c) Pelé

Solutions p. 36

Le monde du foot regorge d'anecdotes incroyables. Saurez-vous distinguer les vraies des fausses ?

1) En Slovaquie, le stade de foot de Cierny Balog est traversé par une ligne de chemin de fer vieille de plus de 100 ans. Il arrive parfois que de vieilles locomotives à vapeur passent entre les tribunes et le terrain pendant un match.   **V / F**

2) En 2018, le club de Norwich a repeint son vestiaire visiteurs en rose. Selon des études scientifiques, la couleur rose ferait baisser le taux de testostérone, ce qui affaiblirait les performances sportives.   **V / F**

3) Le pichichi est le surnom donné au plus petit joueur d'une équipe. Cette tradition est même inscrite dans les règles du football depuis 1863.   **V / F**

4) Le 25 décembre 1937, un match entre Chelsea et Charlton est interrompu à cause d'un brouillard particulièrement épais. Le gardien de but de Charlton a continué de jouer tout seul jusqu'à ce qu'un policier se rende compte de sa présence et le ramène à son vestiaire 20 minutes après le reste de son équipe.   **V / F**

5) En 2018, le PSG est devenu le premier club de foot à avoir un groupe de supporters officiel à l'Assemblée Nationale et au Sénat.   **V / F**

Solutions p. 36

La Coupe du monde

Spécial 1ière édition

Saurez-vous répondre à ces différentes questions sur la 1ière édition de la Coupe du monde ?

1-   Quel pays d'Amérique du Sud organisa la 1ière Coupe du Monde ?
- a)   l'Uruguay
- b)   l'Argentine
- c)   le Brésil

2-   En quelle année eut lieu cette 1ière édition ?
- a)   1900
- b)   1930
- c)   1950

3-   Qui remporta cette 1ière édition ?
- a)   l'Uruguay
- b)   l'Argentine
- c)   le Brésil

4-   Combien de pays ont participé à cette 1ière Coupe du monde ?
- a)   8
- b)   13
- c)   18

5-   De quelle nationalité était le joueur qui marqua le tout premier but ?
- a)   brésilienne
- b)   mexicaine
- c)   française

6-   Comment s'appelait le tout 1ier trophée décerné au vainqueur ?
- a)   la Coupe Jules Rimet
- b)   la Coupe Raymond Kopa
- c)   la Coupe Alain Prost

7-   Remplacé en 1974 par une autre coupe, qu'est donc devenu ce 1ier trophée ?
- a)   il a été donné à l'Uruguay
- b)   il a été fondu pour faire une statue de Pelé
- c)   il a été donné au Brésil suite à sa 3ième victoire en 1970, puis volé.

8-   Quelle fut la particularité de la préparation des joueurs français sélectionnés pour cette coupe du monde ?
- a)   il n'y eut ni entraînement, ni préparation
- b)   chaque joueur était responsable de sa propre préparation physique
- c)   l'entraînement se déroula sur le pont du navire emmenant les joueurs en Uruguay

Solutions p. 36

Surnoms de footballeurs

Les joueurs aiment se donner des surnoms entre eux. Parfois, les journalistes y contribuent aussi. À qui appartient donc chacun de ces surnoms ?

1- El Matador
a) Ángel Di María
b) Luis Suárez
c) Edinson Cavani

2- Spice Boy
a) David Beckham
b) Éric Cantona
c) Wayne Rooney

3- Scarface
a) Carlos Tévez
b) Franck Ribéry
c) Diego Maradona

4- La Pulga
a) Gabriel Batistuta
b) Lionel Messi
c) Paulo Dybala

5- Le Président
a) Zinédine Zidane
b) Emmanuel Petit
c) Laurent Blanc

6- Donatello
a) Blaise matuidi
b) Steven Nzonzi
c) Kylian Mbappé

7- Ibracadabra
a) Roberto Baggio
b) Zlatan Ibrahimović
c) Ronaldo Nazário de Lima

8- La Pioche
a) Paul Pogba
b) Adil Rami
c) Antoine Griezmann

9- Ratatouille
a) Benjamin Pavard
b) Florian Thauvin
c) Lucas Digne

10- The Snake
a) Youri Djorkaeff
b) Robert Pirès
c) Didier Deschamps

11- Monsieur Propre
a) Raphaël Varane
b) Lucas Hernandez
c) Olivier Giroud

12- Petit Vélo
a) N'Golo Kanté
b) Presnel Kipembe
c) Matthieu Valbuena

Solutions p. 36

Quel Ronaldo... ?

Quand deux joueurs de foot portent le même nom... cela peut prêter à confusion ! Saurez-vous retrouver qui de CR7 le Portugais ou R9 le Brésilien est concerné par ces affirmations ?

		CR7 ou R9 ?

1) Quel Ronaldo a gagné le plus de Ballons d'or ? ☐ ☐

2) Lequel est champion du monde ? ☐ ☐

3) Qui est né un 5 février ? ☐ ☐

4) Lequel doit son nom au médecin qui l'a fait naître ? ☐ ☐

5) Lequel doit son nom à un ancien président américain ? ☐ ☐

6) Quel Ronaldo a joué au Barça ? ☐ ☐

7) Quel Ronaldo a vu sa carrière ponctuée de blessures aux genoux ? ☐ ☐

8) Quel Ronaldo a un aéroport à son nom ? ☐ ☐

9) Lequel a marqué 30 secondes après son entrée en jeu face au Deportivo Alavés lors de son arrivée au Real Madrid ? ☐ ☐

10) Lequel est égérie Nike à vie ? ☐ ☐

Solutions p. 36

Les lois du football

Connaissez-vous les lois du football ?

1- Quand la Fédération anglaise de football a-t-elle commencé à écrire les lois officielles du jeu de football ?

   a)   en 1857
   b)   en 1863
   c)   en 1900

2- Combien de lois y-a-t-il au total ?

   a)   17
   b)   27
   c)   37

3- Depuis quand le tacle arrière est-il sanctionné d'une exclusion directe ?

   a)   depuis l'écriture des 1[ières] règles du foot
   b)   depuis l'introduction du foot aux jeux olympiques
   c)   depuis la Coupe du monde 1998

4- Quelle est la largeur maximale d'un terrain de football requise pour un match international ?

   a)   50 mètres
   b)   75 mètres
   c)   90 mètres

5- Quand le gardien de but est-il officiellement devenu le seul joueur à avoir le droit d'utiliser les mains ?

   a)   depuis l'écriture des 1[ières] règles
   b)   depuis la création officielle du poste de gardien en 1870
   c)   depuis la généralisation de l'utilisation des gants dans les années 1970

6- Combien d'arbitres sont sur le terrain lors d'un match de Ligue 1 ?

   a)   3
   b)   4
   c)   5

7- À quel moment l'arbitre juge-t-il un hors-jeu ?

   a)   au départ du ballon
   b)   à l'arrivée du ballon
   c)   selon son envie

8- À quelle distance se situe le point de pénalty de la ligne de but chez les seniors ?

   a)   9 mètres
   b)   10 mètres
   c)   11 mètres

Solutions p. 37
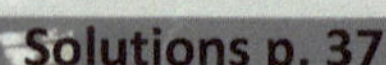

Les mots du foot

Parlez-vous le footeux couramment ? Seul un vrai passionné réussira à répondre à toutes ces questions !

1- Si un terrain de foot est en mauvais état, on dit parfois qu'il y a plein :

- a) de steaks hachés sur la pelouse
- b) d'escalopes sur la pelouse
- c) de poissons panés sur la pelouse

2- Dans l'argot du foot, qu'est-ce qu'une biscotte ?

- a) un carton jaune
- b) une raclée mémorable
- c) un but manqué

3- D'où vient le nom kop, utilisé pour désigner une tribune de supporters ?

- a) de la défaite militaire britannique de Spion Kop en Afrique du Sud
- b) du joueur de foot Raymond Kopa
- c) d'une unité monétaire russe, le kopeck, qui correspond à un centième de rouble

4- Quel autre terme peut-on utiliser pour parler d'une bicyclette ou d'un retourné acrobatique ?

- a) une péruvienne
- b) une brésilienne
- c) une chilienne

5- Comment appelle-t-on le style de jeu footballistique, caractérisé par le mouvement continu du ballon autour d'une série de passes rapides ?

- a) le titi-kaka
- b) le tiki-taka
- c) le kiti-kata

6- Si un joueur tricote au cours d'un match, cela veut dire qu'il :

- a) feinte avec le ballon
- b) stresse et perd ses moyens
- c) fait un beau chandail sur le banc de touche

7- Lorsqu'un gardien laisse passer un but bêtement sur une frappe molle, on dit qu'il a des gants en peau de

- a) banane
- b) pêche
- c) mouton

8- On dit d'un joueur qui est très fatigué, qu'il a avalé

- a) le trombone
- b) le cor de chasse
- c) la trompette

Solutions p. 37

Les Records

Le foot est un monde de records.
Saurez-vous retrouver la bonne réponse pour chacune de ces incroyables performances ?

1- C'est à Madagascar que le record mondial du score le plus élevé pour un match de football a été établi. Quel était le score ?

    a)   49-0
    b)   109-0
    c)   149-0

2- Quel joueur détient le record du nombre de coups du chapeau ?

    a)   Lionel Messi
    b)   Cristiano Ronaldo
    c)   Pelé

3- Quel joueur détient le record du triplé le plus rapide ?

    a)   Sadio Mané
    b)   Karim Benzema
    c)   Robert Lewandowski

4- Hami Mandirali a inscrit le but le plus puissant de l'histoire du football. À quelle vitesse a-t-il été flashé ?

    a)   66 km/h
    b)   166 km/h
    c)   266 km/h

5- Quel joueur détient le record du nombre de buts marqués en une seule année ?

    a)   Cristiano Ronaldo
    b)   Lionel Messi
    c)   Robert Lewandowski

6- La plus longue session de tirs au but a eu lieu en Argentine, lors du match Racing contre Argentinos. Combien de penaltys furent tirés au total ?

    a)   34
    b)   44
    c)   54

7- De quel record le footballeur espagnol Aaron Svesve est-il le détenteur ?

    a)   il a fait le plus grand nombre de têtes au cours d'un match
    b)   il a fait le plus grand nombre de chutes en un match
    c)   il a passé les 90 minutes d'un match sans toucher le ballon

Solutions p. 37

OM ou PSG ?

OM ou PSG... ou les 2 ? Cochez les bonnes réponses.

	OM	ou	PSG ?
1) Les 2 clubs ont remporté le même nombre de titres de Ligue 1, mais lequel a remporté le plus grand nombre de titres de Ligue 2 ?	☐		☐
2) Dans quel club Laurent Blanc a-t-il joué en tant que défenseur de 1997 à 1999 ?	☐		☐
3) Quel club a remporté le plus de titres d'UEFA Champions League ?	☐		☐
4) Dans quel club Hatem Ben Harfa a-t-il joué ?	☐		☐
5) Pour quel club le joueur le plus capé du Classico, Steve Mandanda, a-t-il joué ?	☐		☐
6) Quel club a la plus grande longévité en Ligue 1 ?	☐		☐
7) Dans quel club Claude Makélélé a-t-il joué de 2008 à 2011 ?	☐		☐
8) Quel club a eu pour président un célèbre couturier entre 1974 et 1978 ?	☐		☐
9) Quel club a Emmanuel Macron pour supporter ?	☐		☐
10) Un des anciens joueurs de ce club est devenu président de son pays.	☐		☐

Solutions p. 38

Le foot féminin

Retrouvez l'auteur de chaque citation.

1- Quel pays a accueilli la 1^{ière} Coupe du monde féminine en 1991 ?
   a)   les États-Unis
   b)   la Chine
   c)   l'Argentine

2- Quelle règle la FIFA tenta-t-elle d'imposer aux joueuses à l'occasion de cette 1^{ière} édition de la Coupe du monde féminine ?
   a)   le port d'une jupette comme au tennis
   b)   l'utilisation d'un ballon taille 4 pour enfant
   c)   l'interdiction des cheveux courts

3- À quelle joueuse le premier Ballon d'or féminin a-t-il été décerné en 2018 ?
   a)   Ada Hegerberg
   b)   Megan Rapinoe
   c)   Eugénie Le Sommer

4- Quelle nation a remporté l'Euro féminin 2022 ?
   a)   l'Angleterre
   b)   la France
   c)   l'Italie

5- Quel pays a gagné le plus grand nombre de Coupes du monde de foot féminin ?
   a)   la France
   b)   la Chine
   c)   les États-Unis

6- Parmi ces footballeuses, laquelle détient le record du nombre de buts marqués en équipe de France féminine ?
   a)   Wendie Renard
   b)   Marinette Pichon
   c)   Eugénie Le Sommer

7- En Angleterre, le premier match officiel de foot féminin a opposé Londres Nord à Londres Sud le 23 mars 1895. Combien de spectateurs assistèrent à cet événement ?
   a)   100
   b)   1000
   c)   10 000

8- Quel pays n'a jamais remporté une Coupe du monde de foot féminin ?
   a)   l'Espagne
   b)   le Japon
   c)   l'Allemagne

Solutions p. 38

Les gardiens de but

Tentez de répondre à ce quiz sur des portiers devenus célèbres pour de bonnes ou de mauvaises raisons !

1-   Quel est le seul gardien à avoir reçu le ballon d'or ?

- a)   Fabien Barthez
- b)   Manuel Neuer
- c)   Lev Yachine

2-   Pourquoi le gardien de but chilien Roberto Rojas s'est-il fait suspendre à vie suite à un match contre le Brésil en 1989 ?

- a)   il a agressé l'arbitre
- b)   il s'est tailladé le visage pour provoquer l'arrêt du match
- c)   il a touché de l'argent pour laisser gagner le Brésil.

3-   Quel est le seul gardien à avoir reçu le gant d'or et le ballon d'or de la Coupe du monde ?

- a)   Oliver Kahn
- b)   Gianluigi Buffon
- c)   Manuel Neuer

4-   De quelle nationalité était René Higuita, gardien devenu célèbre grâce à un coup du scorpion réalisé en 1995 ?

- a)   péruvien
- b)   colombien
- c)   argentin

5-   Quel gardien de but a inscrit 132 buts au cours de sa carrière ?

- a)   Dino Zoff
- b)   Rogério Ceni
- c)   Fabien Barthez

6-   Quel gardien de but français a remporté le plus grand nombre de victoires avec les Bleus ?

- a)   Bernard Lama
- b)   Fabien Barthez
- c)   Hugo Lloris

7-   Quel gardien a remporté le 1er Trophée Yachine en 2019 ?

- a)   Allison Becker
- b)   Manuel Neuer
- c)   Thibaut Courtois

8-   Quel exploit a réalisé le gardien José Luis Chilavert en 1999 ?

- a)   il a réussi un coup du chapeau
- b)   il n'a laissé aucun but passer de l'année
- c)   il a joué malgré les poignets cassés

Solutions p. 38

La Coupe du monde

Êtes-vous calé sur les différentes éditions de la Coupe du monde et sur leurs résultats ?

1- Sur les 21 premières éditions de la Coupe du monde entre 1930 et 2018, quel pays a remporté le plus de fois le titre de champion du monde ?

   a) l'Italie
   b) l'Allemagne
   c) Le Brésil

2- Parmi ces propositions, quel pays n'a pas réussi à remporter 2 Coupes du monde consécutives ?

   a) le Brésil
   b) l'Italie
   c) l'Allemagne

3- Quelle équipe a gagné une Coupe du monde en ne marquant que 8 buts ?

   a) l'Uruguay
   b) l'Espagne
   c) l'Allemagne

4- Où s'est déroulée la Coupe du Monde de 1946 ?

   a) au Brésil
   b) en Argentine
   c) nulle part

5- Combien de buts au total Zinedine Zidane a-t-il inscrits lors de finales de Coupe du monde ?

   a) 3
   b) 4
   c) 5

6- Parmi ces propositions, quel pays n'a pas joué 3 finales de Coupe du monde consécutives entre 1930 et 2018 ?

   a) le Brésil
   b) l'Italie
   c) l'Allemagne

7- Quel pays a participé à plus de finales de la Coupe du monde que n'importe quel autre pays ?

   a) le Brésil
   b) l'Italie
   c) l'Allemagne

8- Combien de nations ont remporté la Coupe du monde de football entre 1930 et 2018 ?

   a) 8
   b) 9
   c) 10

Solutions p. 39

Surnoms d'équipes

Retrouvez les équipes concernées par le surnom employé pour parler des joueurs de chaque équipe.

1-   Les Colchoneros
- a)   Real Madrid
- b)   Atlético Madrid
- c)   FC Barcelone

2-   Les Verts
- a)   FC Nantes
- b)   AS Saint-Étienne
- c)   LOSC

3-   Les Toffees
- a)   Everton
- b)   Tottenham
- c)   Chelsea

4-   Les Bianconeri
- a)   Juventus
- b)   AC Milan
- c)   Inter Milan

5-   Les Grenats
- a)   RC Strasbourg
- b)   Stade de Reims
- c)   FC Metz

6-   Les Merengues
- a)   Real Madrid
- b)   Atlético Madrid
- c)   FC Barcelone

7-   Les Spurs
- a)   Tottenham
- b)   Liverpool FC
- c)   Leeds United

8-   Les Dogues
- a)   OGC Nice
- b)   Olympique Lyonnais
- c)   LOSC

9-   Les Hammers
- a)   Tottenham
- b)   West Ham
- c)   Manchester City

10-   Les Gunners
- a)   Manchester United
- b)   Aston Villa
- c)   Arsenal

11-   Les Gones
- a)   Olympique de Marseille
- b)   Olympique Lyonnais
- c)   Stade Rennais

12-   Les Blaugranas
- a)   Real Madrid
- b)   Atlético Madrid
- c)   FC Barcelone

Solutions p. 39

OM ou PSG ?

Spécial insolite

Trouvez le club concerné par chaque anecdote.

	OM	ou	PSG ?

1) Lors de son arrivée dans le club, un nouveau joueur a été confondu avec le chanteur du groupe Pink Floyd.

2) Un joueur de ce club a déménagé très rapidement après son installation car il ne pouvait pas installer de parabole pour voir les matchs de son club préféré.

3) Un ancien président de ce club a fait appel à un marabout pour gagner un match de Ligue des Champions

4) Lorsqu'un joueur de ce club s'est fait braquer sa voiture, les voleurs ont pris le temps de le féliciter pour le match qu'il venait de jouer juste avant.

5) Ce club a vendu un de ses joueurs… pour le racheter plus de 40 fois plus cher 3 ans après.

6) Ce club a été accusé d'avoir empoisonné l'équipe de Rennes avec un jus d'orange en 1991.

7) Un des joueurs de ce club a fait ses adieux aux supporters en faisant un tour d'honneur du terrain sur un tracteur.

Solutions p. 39-40

Du foot et des maths

**Et si le foot nous donnait l'occasion de faire des maths ?
La preuve en questions...**

1- 1 yard anglais équivaut à 0,915 m environ. La longueur règlementaire d'un but est de 8 yards, c'est-à-dire :

- a) 7,12 m
- b) 7,32 m
- c) 7,52 m

2- 1 pied anglais mesure environ 0,305 m. La hauteur règlementaire d'un but est de 8 pieds, ce qui correspond à :

- a) 2,04 m
- b) 2,24 m
- c) 2,44 m

3- Quelle est la forme géométrique des facettes blanches d'un ballon de foot ?

- a) ce sont des pentagones
- b) ce sont des hexagones
- c) cela change en fonction du ballon utilisé

4- Quelle est la forme géométrique des facettes noires d'un ballon de foot ?

- a) ce sont des pentagones
- b) ce sont des hexagones
- c) cela change en fonction du ballon utilisé

5- Avec quel nom de solide géométrique peut-on décrire un ballon de foot ?

- a) il s'agit d'un icosaèdre tronqué
- b) il s'agit d'un tétraèdre tronqué
- c) il s'agit d'un cuboctaèdre tronqué

6- Pour un match officiel, le ballon de foot doit avoir une circonférence comprise entre 68 et 70 cm. Parmi ces propositions, quelle mesure pourrait convenir ?

- a) 0,0069 hm
- b) 0,0069 km
- c) 0,0069 dam

7- Lors d'un match officiel, le poids du ballon doit être compris entre 410 et 450g. Parmi ces propositions, laquelle correspond à cette exigence ?

- a) 0,0425 kg
- b) 43 700 mg
- c) 0,000449 t

Solutions p. 40

Perles de footeux !

Saurez-vous compléter chacune de ces citations pour retrouver les perles originales ?

1- Franck Ribéry :
« J'espère que la roue tourne,
- a) toujours. »
- b) va vite tourner. »

2- Diego Maradona :
« Jouer à huis clos, c'est comme jouer
- a) dans un cimetière. »
- b) entre copains. »

3- Antoine Griezmann :
« Je suis comme ma mère, je change souvent
- a) d'avis. »
- b) de coupe de cheveux. »

4- Pelé :
« J'ai marqué un but, mais Gordon Banks
- a) l'a fait annuler. »
- b) l'a arrêté. »

5- Rafik Saïfi :
« Le Brésil va gagner
- a) l'Euro 2008. »
- b) la Coupe du monde 2010. »

6- Bacary Sagna :
« Ça nous a remis les épaules
- a) bien en place. »
- b) sur la tête. »

7- Gary Lineker :
« Il n'y a pas de milieu. Ou tu es mauvais, ou tu es bon.
- a) Nous, on a été moyens. »
- b) Nous, on ne sait pas. »

8- Luca Podolski :
« Le football c'est comme les échecs, seulement, il n'y a pas de
- a) reine. »
- b) dés. »

9- Pelé :
« Partout où vous allez, il y a trois icônes connues pour tout le monde : Jésus-Christ,
- a) Jimi Hendrix et Coca-Cola. »
- b) Pelé et Coca-Cola. »

10- Zlatan Ibrahimović :
« Depuis que j'ai quitté la France, tout s'écroule. Il n'y a plus aucun sujet intéressant. La France a besoin de moi, je n'ai pas besoin de la France. Même si vous avez Mbappé, Neymar et Messi en France, ça ne suffit pas, parce que vous n'avez pas
- a) Zlatan. »
- b) Dieu. »

Solutions p. 40

Testez vos connaissances sur l'histoire du football.

1- De quel pays est originaire le cuju, un ancien jeu de balle reconnu par la FIFA, comme l'ancêtre officiel du football ?

    a)   de Chine
    b)   d'Angleterre
    c)   de Russie

2- En quelle année le football a-t-il fait son entrée, officiellement reconnue par la FIFA, aux Jeux Olympiques ?

    a)   1908
    b)   1920
    c)   1932

3- En quelle année la France a-t-elle gagné sa première médaille d'or olympique ?

    a)   1984
    b)   1996
    c)   2004

4- En quelle année a été créée la Fédération Française de Football ?

    a)   1904
    b)   1919
    c)   1930

5- En quelle année l'équipe de France a-t-elle été créée ?

    a)   1904
    b)   1919
    c)   1930

6- Contre quel pays la France a-t-elle joué son tout premier match ?

    a)   l'Allemagne
    b)   l'Espagne
    c)   la Belgique

7- De quelle couleur était le tout premier maillot de l'équipe de France ?

    a)   bleue
    b)   blanche
    c)   rouge

8- Le 1000ième but de l'équipe de France a été marqué lors d'une finale de Coupe du Monde. Par quel joueur et en quelle année ?

    a)   Emmanuel Petit en 1998
    b)   Zinedine Zidane en 2006
    c)   Paul Pogba en 2018

Solutions p. 40

Messi ou Ronaldo ?

Messi ou CR7... ou les 2 ? Cochez les bonnes réponses.

Messi ou CR7 ?

1) Lequel est resté le plus longtemps au sein d'un même club ? ☐ ☐

2) Lequel a remporté le plus grand nombre de titres de « Meilleur footballeur de l'année FIFA » ? ☐ ☐

3) Lequel s'est fait remarquer par un club professionnel grâce à une vidéo dans laquelle il jonglait avec une orange ? ☐ ☐

4) Lequel a remporté sa 1^{ière} Ligue des Champions en 2006 ? ☐ ☐

5) Lequel a reçu le titre de meilleur buteur de l'histoire du football le 12 mars 2022 ? ☐ ☐

6) Lequel a remporté le plus de Ballons d'or ? ☐ ☐

7) Lequel n'a pas remporté le Ballon d'or en 2018 ? ☐ ☐

8) Lequel a marqué le plus de buts en sélection nationale ? ☐ ☐

9) Lequel a remporté un titre de champion d'Europe ? ☐ ☐

10) Lequel a un titre de champion olympique ? ☐ ☐

Solutions p. 41

Couleurs de maillots

Savez-vous comment sont choisies les couleurs des maillots de football ?

1- **Pourquoi les couleurs du FC Barcelone sont-elles le bleu et le grenat ?**
- a) ce sont les couleurs de la ville de Barcelone
- b) le fondateur du Barça s'est inspiré des couleurs du FC Bâle
- c) ces couleurs portent chance

2- **En 1903, la Juventus est passée d'un maillot rose au maillot rayé noir et blanc. Pourquoi ?**
- a) les supporters adverses se moquaient souvent du maillot rose
- b) le club voulait reprendre les couleurs de la ville
- c) le fournisseur de maillots avait fait une erreur

3- **Pourquoi l'Allemagne utilise-t-elle des maillots blancs alors que le drapeau allemand est noir, jaune et rouge ?**
- a) le blanc était la couleur de l'Empire allemand
- b) le blanc symbolise la paix
- c) le blanc est plus élégant

4- **Pourquoi le Brésil a-t-il opté pour un maillot jaune à liseré vert à la place du maillot blanc utilisé jusqu'en 1952 ?**
- a) le jaune représente le soleil brésilien
- b) à cause d'une terrible défaite avec le maillot blanc
- c) parce que l'Allemagne joue en blanc

5- **Pourquoi l'équipe des Pays-Bas porte-t-elle un maillot orange ?**
- a) c'est la couleur du drapeau néerlandais
- b) à cause de la maison royale néerlandaise
- c) parce que l'orange symbolise la force

6- **Pourquoi le Borussia Dortmund a-t-il choisi le jaune et le noir comme couleurs ?**
- a) c'est une référence à Maya l'abeille
- b) c'est un clin d'œil aux Daltons suite à un pari
- c) c'est un hommage à ses supporters

Solutions p. 41

Le football et la musique sont deux univers inséparables que ce soit pour encourager les joueurs, leur rendre hommage ou encore pour aider de bonnes causes. Testez vos connaissances dans ce domaine !

1- À quel joueur est consacrée la chanson dans laquelle on peut entendre « Il est petit, il est gentil, *il a stoppé Léo Messi…* » ?

  a) Antoine Griezmann
  b) N'Golo Kanté
  c) Adil Rami

2- Selon la chanson des supporters des Bleus, qui a une frappe de bâtard ?

  a) Benjamin Pavard
  b) Lucas Hernandez
  c) Raphaël Varane

3- Dans sa chanson à la gloire des Bleus Ramenez la coupe à la maison, de quel joueur parle Vegedream avec les paroles *« j'sais plus si je suis gaucher ou droitier, j'ai tiré des deux pieds… »* ?

  a) Kylian Mbappé
  b) Presnel Kimpembe
  c) Ousmane Dembélé

4- À quelle chanteuse doit-on l'interprétation originale de la chanson *I will survive* adoptée par les Bleus de 1998 et leurs supporters pour célébrer la victoire en Coupe du monde ?

  a) Gloria Gaynor
  b) Donna Summer
  c) Tina Turner

5- Dans quel titre de 2002 Pascal Obispo a-t-il réussi à faire chanter ensemble 45 célèbres joueurs de football ?

  a) *Les Meilleurs Ennemis*
  b) *Love United*
  c) *Le Drapeau*

6- Quel était le titre de l'hymne officiel de la Coupe du monde 2018 interprété par Nicky Jam avec un featuring de Will Smith et Era Istrefi ?

  a) *Live it up*
  b) *Let's play*
  c) *You are champions*

Solutions p. 41-42

Surnoms d'équipes nationales

Retrouvez les surnoms des équipes nationales de chacun de ces pays.

1- Belgique
a) La Furie Rouge
b) Les Diables Rouges
c) Les Lions Rouges

2- Grèce
a) Le Bateau Pirate
b) La Horde Fantôme
c) L'Armada

3- Cameroun
a) Les Lions Sauvages
b) Les Lions Féroces
c) Les Lions Indomptables

4- Uruguay
a) La Céleste
b) L'Albicéleste
c) Les Albinos

5- Argentine
a) La Céleste
b) L'Albicéleste
c) Les Albinos

6- Côte d'Ivoire
a) Les Rhinocéros
b) Les Éléphants
c) Les Hippopotames

7- Algérie
a) Les Fennecs
b) Les Goupils
c) Les Renards

8- Bénin
a) Les Guépards
b) Les Écureuils
c) Les Dragons Noirs

9- Suisse
a) Les Petits Suisses
b) La Nati
c) Les Helvètes

10- Angleterre
a) Les Trois Lions
b) La Rose Tudor
c) Les Bulldogs

11- Islande
a) Les Vikings
b) Les Drakkars
c) Nos Gars

12- Saint-Marin
a) La Magnifique
b) La Sérénissime
c) La Majestueuse

Solutions p. 42

Vrai ou faux ?

Vrai ou faux ? Cochez les bonnes réponses.

Vrai ou Faux ?

1) En 1954, la Turquie s'est qualifiée pour la Coupe du monde grâce à un tirage au sort. ☐ ☐

2) En 1978, la France a joué son dernier match de poules de Coupe du monde avec un maillot rayé vert et blanc. ☐ ☐

3) La sélection nationale de l'Uruguay porte 2 étoiles sur son maillot car le pays a remporté deux fois la coupe du monde. ☐ ☐

4) Le trophée récompensant le vainqueur de la Coupe du monde est composé à 100% d'or pur. ☐ ☐

5) Le joueur qui s'est fait exclure le plus rapidement en Coupe du monde est l'Uruguayen José Batista qui s'est fait exclure au bout de 15 minutes lors d'un match contre l'Écosse. ☐ ☐

6) Lors du match France-Koweit du Mondial 1982, le Cheikh Fahid Al-Ahmad Al-Sabah a interrompu le match en entrant sur le terrain pour demander l'annulation d'un but. ☐ ☐

Solutions p. 42

Les gestes techniques

Un bon footballeur ou un bon supporter doit maîtriser le vocabulaire des gestes techniques. Saurez-vous trouver les bonnes réponses ?

1- Quel geste réalise un footballeur lorsqu'il fait une aile de pigeon ?
- a) une reprise de volée avec l'extérieur du pied
- b) une reprise de volée avec l'intérieur du pied
- c) une reprise de volée avec son genou

2- Qu'est-ce qu'un coup de pied de réparation ?
- a) un coup franc
- b) un pénalty
- c) un dégagement du ballon au pied par le gardien

3- Une Madjer est un but :
- a) marqué involontairement de la main
- b) marqué du talon
- c) marqué du genou

4- Parmi ces expressions, laquelle n'est pas synonyme de coup du foulard ?
- a) une Rabona
- b) un Hocus Pocus
- c) une Abracadabra

5- Que fait un footballeur lorsqu'il réalise un sombrero ?
- a) il fait passer le ballon entre les jambes de son adversaire
- b) il fait passer le ballon au-dessus de son adversaire
- c) il dribble son adversaire sur le côté

6- Lorsqu'un footballeur tente de passer l'adversaire en sautant avec le ballon coincé entre ses jambes ou ses pieds, il réalise une Cuauhtemiña. Ce geste est aussi appelé :
- a) le coup du crapaud
- b) le coup du foulard
- c) le coup du scorpion

7- Qu'est-ce qu'une feuille morte au football ?
- a) un type de dribble
- b) un type de frappe avec une trajectoire flottante
- c) un passement de jambes légèrement lobé

Solutions p. 42

Foot & cinéma

Tentez de trouver les bonnes réponses sur les footballeurs et le cinéma.

1-   Dans quel film d'Astérix Zinedine Zidane joue-t-il le rôle de Numérodix ?

    a)   *Astérix aux Jeux Olympiques*
    b)   *Astérix et Obélix contre César*
    c)   *Astérix et Obélix : mission Cléopâtre*

2-   Dans la version française de *Lego Batman, Le Film*, quel Bleu a prêté sa voix à Clark Kent, alias Superman ?

    a)   Florian Thauvin
    b)   Blaise Matuidi
    c)   Antoine Griezmann

3-   Quel est le titre du film retraçant l'aventure des Bleus de 1998 ?

    a)   *Les Yeux dans les Bleus*
    b)   *Des Bleus dans les Yeux*
    c)   *Des Yeux, des Bleus*

4-   Quel footballeur de l'OM a joué son propre rôle dans *Taxi 4* ?

    a)   Samir Nasri
    b)   Djibril Cissé
    c)   Franck Ribéry

5-   Quel est le titre du documentaire réalisé par Emmanuel Ber et Théo Schuster sur les champions du monde 2018 ?

    a)   *Victoire en Russie pour les Bleus 2018*
    b)   *Les Bleus 2018, au cœur de l'épopée russe*
    c)   *En route pour la victoire des Bleus 2018 en Russie*

6-   Parmi les Bleus, quel duo a respectivement prêté sa voix au Bouffon Vert et au Scorpion du film *Spider-Man : New Generation* ?

    a)   Giroud et Kimpembe
    b)   Varane et Tolisso
    c)   Fekir et Pogba

7-   Quel joueur britannique a fait une apparition dans le film *Le Roi Arthur : La Légende d'Excalibur* ?

    a)   David Beckham
    b)   Harry Kane
    c)   Wayne Rooney

Solutions p. 43

Vrai ou faux ? Cochez les bonnes réponses.

Vrai ou Faux ?

1) Lors du quart de finale de la Coupe du monde 2018, Hugo Lloris a failli avaler une libellule. ☐ ☐

2) Depuis 1908, il y a eu des épreuves de football à tous les Jeux Olympiques d'été. ☐ ☐

3) Le stade avec la plus grande capacité d'accueil au monde est le stade du 1^{ier} Mai qui se trouve en Corée du Nord. ☐ ☐

4) L'Uruguay est le seul pays à avoir participé à toutes les éditions de la Coupe du monde depuis sa création. ☐ ☐

5) Pour pouvoir figurer sur le maillot du FC Barcelone, l'Unicef a versé 1,5 millions d'Euros au club. ☐ ☐

6) Didier Deschamps est le sélectionneur qui a dirigé le plus grand nombre de matchs de l'équipe de France. ☐ ☐

7) L'équipe du Japon est la seule équipe asiatique à avoir joué une demi-finale de Coupe du monde. ☐ ☐

8) Le premier trophée de la Coupe du monde a été volé 2 fois. ☐ ☐

Solutions p. 43

1998 ou 2018 ?

1998 ou 2018... ou les 2 ? Cochez les bonnes réponses.

		1998	2018 ?
1)	Quelle édition de la Coupe du monde la France a-t-elle gagné en finissant à 10 joueurs ?	☐	☐
2)	Quelle finale a connu le plus grand nombre de spectateurs présents dans le stade ?	☐	☐
3)	Quelle équipe de France comptait la moyenne d'âge la plus jeune ?	☐	☐
4)	Quelle finale a été gagnée sur un score de 3-0 ?	☐	☐
5)	En quelle année l'équipe des Bleus comptait-elle un joueur surnommé La Pieuvre ?	☐	☐
6)	Lors de quelle édition la France a-t-elle débuté la compétition dans la poule C ?	☐	☐
7)	Lors de quelle Coupe du monde les Bleus ont-ils encaissé le plus de buts ?	☐	☐
8)	Lors de quelle édition les Bleus ont-ils marqué le plus de buts ?	☐	☐
9)	Lors de quelle édition les Bleus ont-ils joué le plus grand nombre de minutes au total ?	☐	☐

Solutions p. 43-44

Les Bleus

Connaissez-vous bien les Bleus ?

1- Quel joueur a provoqué l'évacuation de l'hôtel occupé par la délégation française lors de la Coupe du monde 2018 ?

   a)   Lucas Hernadez
   b)   Adil Rami
   c)   Steven Nzonzi

2- Quel est le seul Bleu à avoir disputé l'intégralité des matchs de la Coupe du monde 2018 ?

   a)   Raphaël Varane
   b)   Lucas Digne
   c)   Hugo Lloris

3- Quel a été le 1^{ier} match des Bleus lors de la Coupe du monde 2018 ?

   a)   France-Danemark
   b)   France-Pérou
   c)   France-Australie

4- Avec quel temps de jeu Adil Rami est-il devenu champion du monde ?

   a)   0 minutes
   b)   10 minutes
   c)   20 minutes

5- Quel joueur de l'équipe de France 2018 n'était pas né lors de la victoire des Bleus en 1998 ?

   a)   Antoine Griezmann
   b)   Lucas Digne
   c)   Kylian Mbappé

6- Quel joueur a inscrit le tout premier but de l'équipe de France lors de la Coupe du monde 2018 ?

   a)   Olivier Giroud
   b)   Antoine Griezmann
   c)   N'Golo Kanté

7- Qui était le capitaine de l'équipe de France lors de la Coupe du Monde 2018 ?

   a)   Olivier Giroud
   b)   Kylian Mbappé
   c)   Hugo Lloris

8- Quel Bleu a remporté le titre du plus beau but de la Coupe du Monde 2018 ?

   a)   Benjamin Pavard
   b)   Kylian Mbappé
   c)   Antoine Griezmann

Solutions p. 44

La Coupe du monde 2018

Avez-vous bien suivi la Coupe du monde 2018 ?

1-   Quelles équipes ont joué le match d'ouverture de la Coupe du Monde 2018 ?

- a) la Russie et le Qatar
- b) la Russie et l'Arabie Saoudite
- c) la Russie et le Panama

2-   Lors de la demi-finale de la Coupe du Monde 2018, par quel score la France a-t-elle remporté le match contre la Belgique ?

- a) 1-0
- b) 2-0
- c) 3-0

3-   Quel joueur a été sacré meilleur joueur de la Coupe du monde 2018 par la FIFA ?

- a) Luka Modrić
- b) Antoine Griezmann
- c) Eden Hazard

4-   Quel était le nom du stade dans lequel s'est déroulée la finale de la Coupe du Monde 2018 ?

- a) Stade du Spartak
- b) Stade Loujniki
- c) Rostov Arena

5-   Quel est le premier pays à avoir marqué un but suite à une décision prise grâce à la VAR (assistance vidéo à l'arbitrage) lors de la Coupe du monde 2018 ?

- a) la Russie
- b) l'Espagne
- c) la France

6- Quel animal était Zabivaka, la mascotte de la Coupe du monde 2018 ?

- a) un ours
- b) un loup
- c) une zibeline

7- Combien de buts ont été marqués lors de la Coupe du monde 2018 ?

- a) 99
- b) 129
- c) 169

8- Combien de cartons rouges ont-ils été distribués lors de la Coupe du monde 2018 ?

- a) 4
- b) 9
- c) 13

Solutions p. 44

2018 : vrai ou faux ?

Vrai ou faux ? Cochez les bonnes réponses.

Vrai ou Faux ?

1) 99,6% de la population islandaise a suivi le match opposant sa sélection nationale à l'Argentine lors de la Coupe du Monde 2018. ☐ ☐

2) En 2018, le gardien de but égyptien Essam El Hadary est devenu le plus jeune joueur à jouer en Coupe du Monde ☐ ☐

3) Lors d'un match de qualification, l'ouverture du score par le péruvien Jefferson Farfán a provoqué une telle liesse à Lima qu'une alerte de tremblement de terre s'en est déclenchée. ☐ ☐

4) Lors du Mondial 2018, l'équipe d'Angleterre était la seule sélection à n'avoir que des joueurs issus de son championnat national. ☐ ☐

5) À la 11e minute du huitième de finale contre l'Argentine, Kylian Mbappé a été « flashé » à la vitesse supersonique de 42 km/h. ☐ ☐

6) En 2018, plusieurs Bleus ont pris l'habitude de friser la moustache d'Adil Rami pour porter bonheur à l'équipe. ☐ ☐

7) Lors d'un match contre l'Espagne, Cristiano Ronaldo est devenu le joueur le plus âgé à marquer un triplé en Coupe du monde. ☐ ☐

8) Hugo Lloris a été élu meilleur gardien de la Coupe du monde 2018. ☐ ☐

Solutions p. 44-45

WORLD CUP
2022

34

Êtes-vous au point sur la Coupe du monde 2022 ?

1- Parmi ces propositions, quel est le match d'ouverture de la Coupe du Monde 2022 ?
- a) Qatar-Équateur
- b) Pays-Bas-Équateur
- c) Sénégal-Pays-Bas

2- La mascotte de cette édition porte le nom de La'eeb, ce qui signifie :
- a) joueur très talentueux
- b) joueur hyper déterminé
- c) joueur super zen

3- Combien de stades le Qatar a-t-il dû construire complètement pour le Mondial ?
- a) 6
- b) 8
- c) 10

4- Lequel de ces pays ne fait pas partie de la poule D dans laquelle se trouve la France ?
- a) l'Australie
- b) le Danemark
- c) le Japon

5- À quelle règle exigée par le dossier de candidature à l'organisation de la Coupe du monde le Qatar a-t-il pu déroger ?
- a) l'équipe du Qatar aurait dû participer à au moins une phase finale de la Coupe du monde pour postuler
- b) la FIFA exige normalement une organisation dans 12 stades différents
- c) la FIFA impose d'habitude au pays organisateur de prévoir une quantité minimum de 10 litres d'alcool par supporter

6- Quelle est la date de la finale ?
- a) le 10 décembre 2022
- b) le 18 décembre 2022
- c) le 22 décembre 2022

7- Quelle a été le stade retenu pour l'organisation de la finale ?
- a) Khalifa International Stadium
- b) Education City Stadium
- c) Lusail Iconic Stadium

Solutions p. 45

Solutions

Quel footballeur a dit… ?

1- a. Zlatan Ibrahimović
2- c. George Best
3- c. Mario Balotelli
4- b. Éric Cantona
5- a. Diego Maradona
6- b. Michel Platini
7- a. Franck Ribéry
8- c. Pelé

Vrai ou faux ?

1- Vrai
2- Vrai
3- Faux. Le pichichi est le nom du trophée qui récompense le meilleur buteur de la Liga. Le nom du trophée vient du surnom de Rafael Moreno, qui était un footballeur de grand talent, mais de petite taille.
4- Vrai
5- Faux. C'est l'OM.

La Coupe du monde – Spécial 1^ière édition

1- a. l'Uruguay
2- b. 1930
3- a. l'Uruguay
4- b. 13
5- c. française
6- a. la coupe Jules Rimet

7- c. il a été donné au Brésil suite à sa 3ième victoire en 1970, puis volé.
8- c. l'entraînement se déroula sur le pont du navire emmenant les joueurs en Uruguay.

Surnoms de footballeurs

1- c. Edinson Cavani
2- a. David Beckham
3- b. Franck Ribéry
4- b. Lionel Messi
5- c. Laurent Blanc
6- c. Kilian Mbappé
7- b. Zlatan ibrahimović
8- a. Paul Pogba
9- c. Lucas Digne
10- a. Youri Djorkaeff
11- a. Raphaël Varane
12- c. Matthieu Valbuena

Quel Ronaldo ?

1- CR7
2- R9
3- CR7
4- R9
5- CR7
6- R9
7- R9
8- CR7
9- R9
10- CR7

Solutions

Les lois du football

1- b. en 1863
2- a. 17
3- c. depuis la Coupe du monde 1998
4- b. 75 mètres
5- b. depuis la création officielle du poste de gardien en 1870
6- b. 4
7- a. au départ du ballon
8- c. 11 mètres

Les mots du foot

1- b. il y a plein d'escalopes sur la pelouse
2- a. un carton jaune
3- a. de la défaite britannique de Spion Kop en Afrique du Sud. Si les défaites donnent rarement lieu à commémoration, celle-ci marqua les esprits par sa violence si bien que des tribunes furent rapidement appelées kop par les anglais à titre d'hommage.
4- c. une chilienne
5- b. le tiki-taka
6- a. il feinte avec le ballon
7- b. en peau de pêche
8- c. il a avalé la trompette

Les records

1- c. 149-0. Le club perdant a volontairement perdu et même marqué des buts contre son camp pour contester une décision du championnat.
2- c. Pelé. Il a inscrit 92 triplés au cours de sa carrière. Lionel Messi et Cristiano Ronaldo arrivent loin derrière avec seulement une centaine de triplés cumulés à eux deux.
3- a. Sadio Mané. Il a inscrit un triplé en 2 minutes lors d'un match de Premier League. Lewandowski détient le record du triplé le plus rapide en Ligue des Champions, mais il lui a fallu 23 minutes.
4- c. 266 km/h
5- b. Lionel Messi avec 91 buts inscrits en 2012.
6- b. 44. Argentinos l'emporta par 20 à 19
7- c. il a passé les 90 minutes d'un match sans toucher le ballon

Solutions

OM ou PSG ?

1- OM
2- OM
3- OM
4- OM et PSG
5- OM
6- PSG
7- PSG
8- PSG. Daniel Hechter a été président du PSG dans les années 70.
9- OM
10- OM et PSG. George Weah est Président du Libéria depuis 2018.

Le foot féminin

1- b. la Chine. La finale à Canton a vu la victoire des joueuses américaines
2- b. l'utilisation d'un ballon taille 4 pour enfants
3- a Ada Hegerberg
4- a. l'Angleterre
5- c. les États-Unis. Les Américaines comptent 4 titres au total
6- c. Eugénie Le Sommer détient ce record depuis 2020
7- c. 10 000
8- a. l'Espagne

Les gardiens de but

1- c. Lev Yachine
2- b. il s'est tailladé le visage avec un scalpel pour provoquer l'arrêt du match. En fait, il a profité de l'envoi d'un fumigène sur la pelouse pour simuler un accident et faire arrêter un match décisif, mais mal engagé, pour la qualification de son pays en Coupe du monde.
3- a. Oliver Kahn. C'est le seul gardien à avoir obtenu le titre du meilleur joueur de la Coupe du monde en plus du gant d'or.
4- b. colombienne. Il a réalisé ce fabuleux geste technique lors d'un match amical entre la Colombie et l'Angleterre.
5- b. Rogério Céni
6- c. Hugo Lloris
7- a. Allison Becker
8- a. José Luis Chilavert. Le gardien paraguayen a réussi à tromper le portier adverse à l'occasion de 3 pénaltys.

Solutions

La Coupe du monde

1- c. le Brésil. Les Brésiliens ont remporté 5 fois la Coupe du Monde. L'Italie et l'Allemagne l'ont remportée 4 fois chacune.

2- c. l'Allemagne. Les allemands ont remporté 4 Coupes du Monde, mais jamais de manière consécutive. En revanche, l'Italie a remporté le titre de champion du monde en 1934 et 1938, le Brésil en 1958 et 1962.

3- b. L'Espagne (en 2010)

4- c. nulle part. Les éditions de 1942 et 1946 ont été annulées en raison de la seconde guerre mondiale.

5- a. 3. Il a inscrit 2 buts en finale de 1998 et 1 but en 2006.

6- b. l'Italie. Le Brésil a joué les finales de 1994, 1998 et 2002. L'Allemagne a joué les finales de 1982, 1986 et 1990.

7- c. l'Allemagne. La Mannschaft a participé à 8 finales avec 4 victoires et 4 défaites. Le Brésil n'a pris part qu'à 7 finales, mais a remporté 5 finales et subi seulement 2 défaites.

8- a. 8. Il s'agit du Brésil, de la France, de l'Allemagne, de l'Italie, de l'Argentine, de l'Uruguay, de l'Espagne et de l'Angleterre.

Surnoms d'équipes

1- b. Atlético Madrid
2- b. AS Saint-Étienne
3- a. Everton FC
4- a. Juventus
5- c. FC Metz
6- a. Real Madrid
7- a. Tottenham
8- c. LOSC
9- b. West Ham
10- c. Arsenal
11- b. Olympique Lyonnais
12- c. FC Barcelone

OM ou PSG ? Spécial insolite

1- OM. Le joueur concerné était Chris Waddle.

2- PSG. Marco Verratti souhaitait en effet pouvoir voir les matchs de Pescara (série B)

3- PSG. Président du club de la capitale entre 1991 et 1998, Michel Denisot a fait appel aux services d'un marabout nommé Sidi afin de gagner un match de Ligue des Champions.

Solutions

4- OM. Le joueur braqué et félicité était Habib Beye.

5- PSG. Le joueur concerné était Nicolas Anelka, vendu à Arsenal pour 5 millions de francs et racheté par la suite au Real Madrid pour la modique somme de 220 millions de francs…

6- OM. Surpris par la grande fatigue de ses joueurs le stade rennais avait accusé l'OM d'avoir endormi ses joueurs à l'aide de Tranxène découvert dans le sang des joueurs. L'enquête s'est finalement arrêtée à l'hôtel où les joueurs avaient séjourné. La plainte est restée sans suite.

7- OM. À l'occasion de son départ, Franck Ribéry a souhaité rendre hommage à ses supporters et a emprunté le tracteur des jardiniers du stade pour faire un tour d'honneur original.

Du foot et des maths

1- b. 7,32 m.
2- c. 2,44 m.
3- b. ce sont des hexagones
4- a. ce sont des pentagones
5- a. il s'agit d'un icosaèdre tronqué
6- a. 0,0069 hm
7- c. 0,000449 t

Perles de footeux

1- b. va vite tourner. »
2- a. dans un cimetière. »
3- b. de coupe de cheveux. »
4- b. l'a arrêté. »
5- a. l'Euro 2008. »
6- b. sur la tête. »
7- a. Nous, on a été moyens. »
8- b. dés »
9- b. Pelé et Coca-Cola. »
10- b. Dieu. »

Histoire du foot

1- a. de Chine.
2- a. 1908. Les épreuves de foot organisées en 1900 et 1904 ne sont reconnues ni par le CIO, ni par la FIFA.
3- a. 1984.
4- b. 1919.
5- a. 1904.
6- c. la Belgique. Le match s'est terminé sur le score nul de 3-3.
7- b. blanche.
8- a. Emmanuel Petit en 1998.

Solutions

Messi ou Ronaldo ?

1- Messi. L'Argentin est resté 21 ans au FC Barcelone.
2- CR7.
3- Messi.
4- Messi.
5- CR7. Selon le classement de la FIFA, il a officiellement dépassé le record de Joseph Bican avec plus de 805 buts marqués au cours de sa carrière.
6- Messi.
7- Messi et CR7. C'est Luka Modrić qui a remporté le Ballon d'or 2018.
8- CR7.
9- CR7.
10- Messi. Il a remporté son titre aux jeux olympiques de 2008.

Couleurs de maillots

1- b. le fondateur s'est inspiré des couleurs du FC Bâle : Hans Gamper était suisse et a repris les couleurs de son ancien club lorsqu'il fonda le Barça.
2- c. le fournisseur de maillot avait fait une erreur et la Juventus a décidé de garder les maillots rayés noir et blanc

3- a. le blanc était la couleur de l'Empire allemand avant la 1^{ière} guerre mondiale.
4- b. à cause d'une terrible défaite avec le maillot blanc. Le Brésil a perdu à domicile la finale de la Coupe du monde 1950 en blanc et a opté, en 1952, pour un changement de couleurs suite à cette humiliation.
5- b. à cause de la maison royale néerlandaise dont l'orange est la couleur.
6- c. c'est un hommage à ses supporters. Le jaune est une référence à la blouse de travail jaune de ses supporters ouvriers et le noir rappelle la couleur du charbon extrait par ses supporters mineurs.

Foot et chanson

1- b. N'Golo Kanté
2- a. Benjamin Pavard
3- c. Ousmane Dembélé
4- a. Gloria Gaynor. Il s'agit d'une chanson sortie en 1978 et remise à l'honneur 20 ans plus tard par les Bleus.
11- b. *Love United*. Le but de la chanson était de lever des

Solutions

fonds pour la recherche et la lutte contre le sida.

5- a. *Live it up*

Surnoms d'équipes nationales

1- b. Les Diables Rouges
2- a. Le Bateau Pirate
3- c. Les Lions Indomptables
4- a. La Céleste
5- b. L'Albicéleste
6- b. Les Éléphants
7- a. Les Fennecs
8- a. Les Guépards (L'équipe avait pour surnom Les Écureuils jusqu'en août 2022.)
9- b. La Nati
10- a. Les Trois Lions
11- c. Nos Gars
12- b. La Sérénissime

Vrai ou faux ?

1- Vrai. Après avoir réalisé un match nul contre l'Espagne, la qualification de la Turquie a été effectuée par un tirage au sort car le règlement ne prévoyait pas encore d'autres méthodes pour départager les équipes.
2- Vrai. L'équipe de France n'ayant pas pris le second jeu de maillot avec lequel elle était censée jouer, elle a dû emprunter un maillot à une petite équipe locale argentine.
3- Faux. L'Uruguay arbore 4 étoiles sur son maillot car ses deux victoires aux Jeux Olympiques précédents l'organisation de la 1ière Coupe du Monde sont comptabilisés, à titre exceptionnel, comme des victoires mondiales.
4- Faux. Le trophée est composé à 75% d'or pur. Le quart restant se compose d'argent et de malachite.
5- Faux. Il s'est fait exclure au bout de 54 secondes lors de ce match.
6- Vrai.

Les gestes techniques

1- a. une reprise de volée avec l'extérieur du pied
2- b. un pénalty
3- b. marqué du talon
4- c. une Abracadabra
5- b. il fait passer le ballon au-dessus de son adversaire
6- a. le coup du crapaud
7- b. un type de frappe avec une trajectoire flottante

Foot et ciné

1- a. Astérix aux Jeux Olympiques
2- c. Antoine Griezmann. Blaise Matuidi a, quant à lui, prêté sa voix à Flash dans le même film.
3- a. Les Yeux dans les Bleus
4- b. Djibril Cissé
5- b. Les Bleus 2018, au cœur de l'épopée russe
6- a. Giroud et Kimpembe
7- a. David Beckham

Vrai ou faux ?

1- Vrai.
2- Faux. Il n'y a pas eu d'épreuve de foot lors des JO de 1932 à Los Angeles.
3- Vrai. Selon les autorités sa capacité est de 150 000 spectateurs. Bien que sa capacité réelle soit plutôt de 114 000 spectateurs, il s'agit bien du plus grand stade au monde.
4- Faux. Le Brésil est le seul pays à avoir participé à toutes les éditions de la Coupe du monde depuis sa création
5- Faux. C'est l'inverse : le FC Barcelone a aidé l'Unicef en lui versant un total de 1,5 million d'Euros en 5 ans.
6- Vrai. Didier Deschamps a battu le record de Raymond Domenech depuis le 8e de finale contre l'Argentine de la Coupe du monde 2018.
7- Faux. La Corée du Sud est la seule équipe asiatique à avoir joué une demi-finale de Coupe du monde.
8- Vrai. Après avoir été volé une première fois en 1966 et retrouvé par hasard dans un buisson par un chien, le trophée Jules Rimet a été de nouveau volé en 1983 et n'a jamais été retrouvé.

1998 ou 2018 ?

1- 1998. Marcel Desailly s'était fait exclure à la 68ième minute.
2- 1998. Lors de France-Brésil en 1998, il y a eu 80000 spectateurs. Le match France-Croatie a regroupé « seulement » 78000 spectateurs dans le stade.

Solutions

3- 2018. L'équipe de France possède le 2ième plus jeune effectif sacré champion du monde avec une moyenne d'âge de 25 ans et 10 mois après l'équipe du Brésil de 1970 qui avait une moyenne d'âge de 25 ans et 9 mois.

4- 1998. La France a gagné sa finale contre le Brésil sur le score 3-0.

5- 1998 et 2018. Blaise Matuidi, champion du monde 2018, partage le surnom de La Pieuvre avec Patrick Vieira, champion du monde 1998. Ce surnom provient de leur facilité à récupérer les ballons.

6- 1998 et 2018.

7- 2018. Les Bleus ont encaissé 6 buts en 2018 contre seulement 2 en 1998.

8- 1998. Les Bleus ont marqué 15 buts en 1998 contre 14 en 2018.

9- 1998. Les Bleus ont joué 687 minutes en 1998 pour devenir champions du monde alors qu'ils n'en ont joué que 630 en 2018.

Les Bleus

1- b. Adil Rami

2- a. Raphaël Varane

3- c. France-Australie

4- a. 0 minutes

5- c. Kylian Mbappé

6- b. Antoine Griezmann

7- c. Hugo Lloris

8- a. Benjamin Pavard

La Coupe du monde 2018

1- b. la Russie et l'Arabie Saoudite

2- a. 1-0

3- a. Luka Modrić

4- b. Stade Loujniki

5- c. la France

6- b. un loup

7- c. 169

8- a. 4

La Coupe du monde 2018 - Spécial vrai ou faux ?

1- Vrai. C'est un véritable record !

2- Faux. Essam El Hadary est devenu le joueur le plus âgé à disputer une Coupe du monde.

3- Vrai. Cette information a été confirmée par l'observatoire de sismologie du Chili voisin.

4- Vrai.

5- Faux. Il a bien été
« flashé », mais à la
vitesse de 37 km/h selon
les journalistes, ou plutôt à
32,4 km/h selon les
statistiques rectifiées de la
fédération française de
foot.
6- Vrai.
7- Vrai.
8- Faux. C'est le gardien
Belge Thibaut Courtois qui
a remporté ce titre.

La Coupe du monde 2022

1- a. Qatar-Équateur
2- a. joueur très talentueux
3- a. 6
4- c. le Japon
5- b. la FIFA exige
normalement une
organisation dans 12
stades différents.
6- b. le 18 décembre 2022
7- c. Lusail Iconic Stadium

www.ingramcontent.com/pod-product-compliance
Lightning Source LLC
LaVergne TN
LVHW051456180726
843512LV00001B/53